AF201165

Impressum
Verlag: BABADADA GmbH, Nedderfeld 112 , 22529 Hamburg
Geschäftsführer / Verlagsleitung: Harald Hof
Druck: Books on Demand GmbH, In de Tarpen 42, 22848 Norderstedt

Imprint
Publisher: BABADADA GmbH, Nedderfeld 112 , 22529 Hamburg, Germany
Managing Director / Publishing direction: Harald Hof
Print: Books on Demand GmbH, In de Tarpen 42, 22848 Norderstedt, Germany

iskola
școală

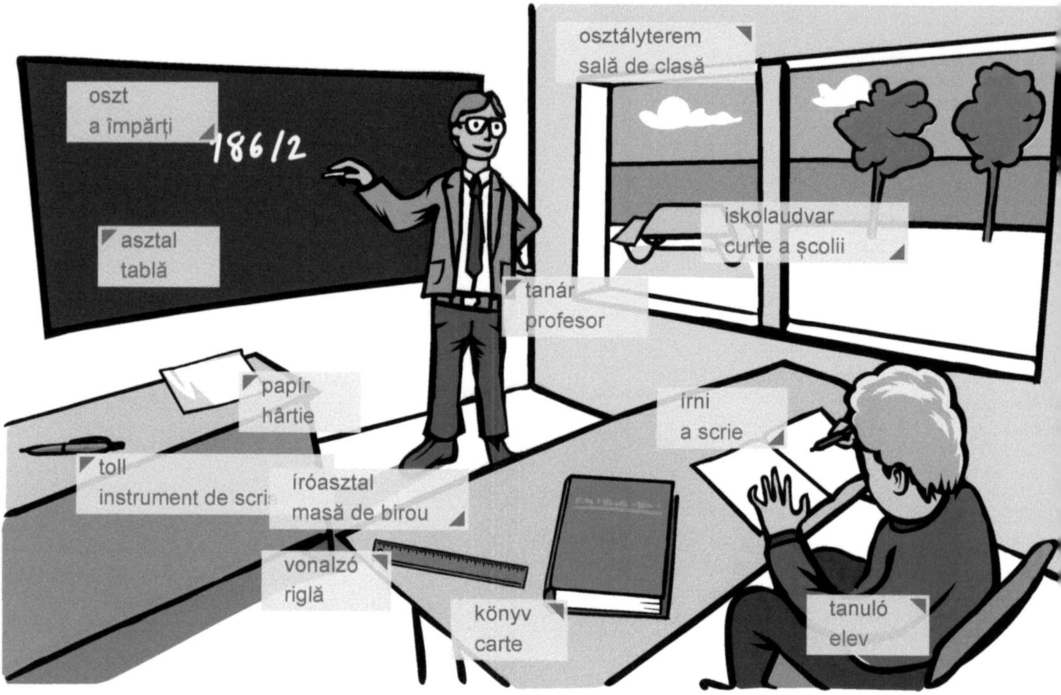
osztályterem
sală de clasă
oszt
a împărți
186/2
asztal
tablă
iskolaudvar
curte a școlii
tanár
profesor
papír
hârtie
írni
a scrie
toll
instrument de scri
íróasztal
masă de birou
vonalzó
riglă
könyv
carte
tanuló
elev

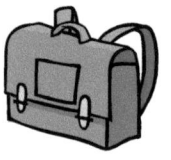

iskolatáska
ghiozdan

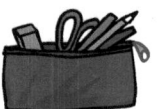

tolltartó
penar

ceruza
creion

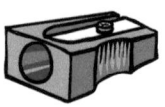

ceruzahegyező
ascuțitoare

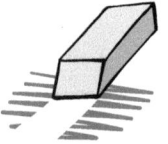

radír
radieră

rajzfüzet
bloc de desen

rajz
desen

ecset
pensulă

festőkészlet
cutie de acuarele

olló
foarfece

ragasztó
lipici

munkafüzet
caiet de exerciții

házi feladat
temă

12

szám
număr

2+2

összead
a aduna

5-2

kivon
a scădea

2×2

szoroz
a multiplica

számol
a calcula

A

betű
literă

ABCDEFG HIJKLMN OPQRSTU VWXYZ

ABC
alfabet

szó
cuvânt

szöveg

text

olvasni

a citi

kréta

cretă

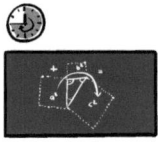

tanóra

oră

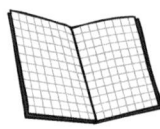

napló

catalog

vizsga

examen

bizonyítvány

certificat

iskolai egyenruha

uniformă şcolară

oktatás

educaţie

enciklopédia

enciclopedie

egyetem

universitate

mikroszkóp

microscop

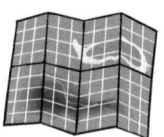

térkép

hartă

papír-hulladék gyűjtő

coş de gunoi

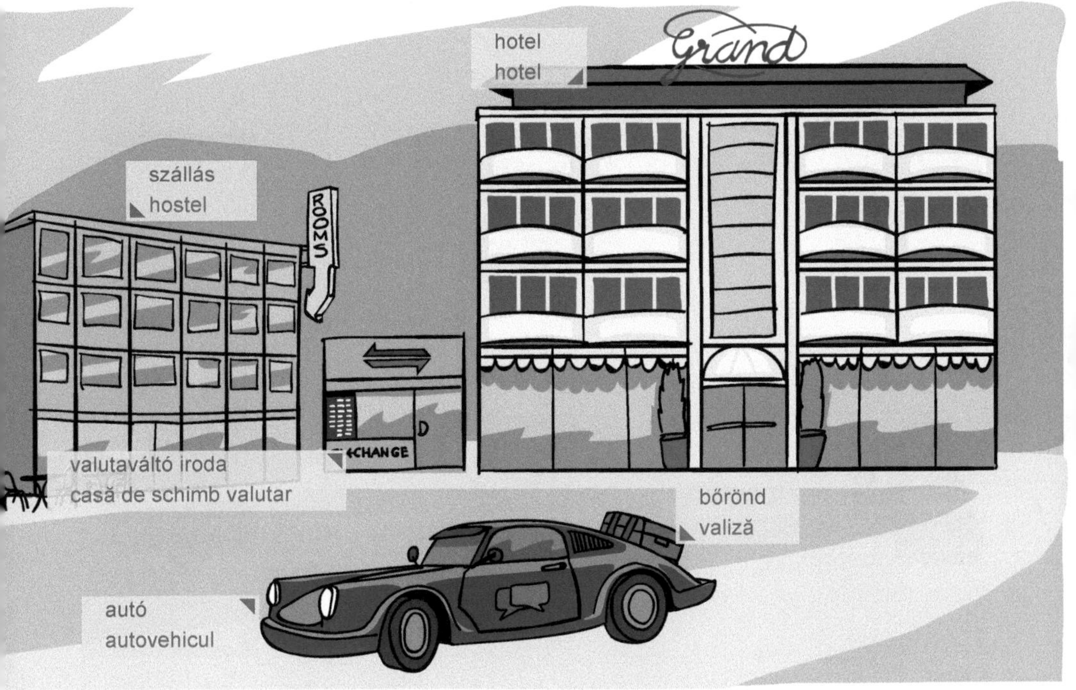

hotel
hotel
Grand
szállás
hostel
ROOMS
valutaváltó iroda
casă de schimb valutar
EXCHANGE
bőrönd
valiză
autó
autovehicul

nyelv

limbă

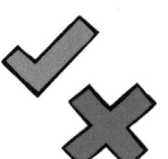

igen/nem

da/nu

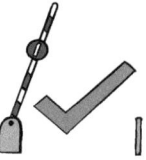

rendben

okay

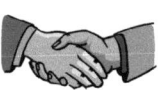

szia

Bună!

fordító

interpret

köszönöm

mulțumesc

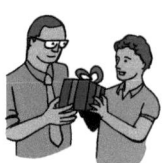

mennyibe kerül...?

Cât costă...?

nem értem

Nu înțeleg

probléma

problemă

Jó estét!

Bună seara!

jó reggelt!

Bună dimineața!

jó éjszakát!

Noapte bună!

viszontlátásra

la revedere

útirány

direcție

poggyász

bagaj

táska

geantă

hátizsák

rucsac

vendég

oaspete

szoba

cameră

hálózsák

sac de dormit

sátor

cort

turista információ

unct de informare turistică

strand

plajă

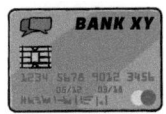

hitelkártya

carte de credit

reggeli

mic dejun

ebéd

masa de prânz

vacsora

cină

jegy

bilet de călătorie

lift

lift

bélyeg

timbru poștal

határ

graniță

vám

vamă

nagykövetség

ambasadă

vízum

viză

útlevél

pașaport

közlekedés
transport

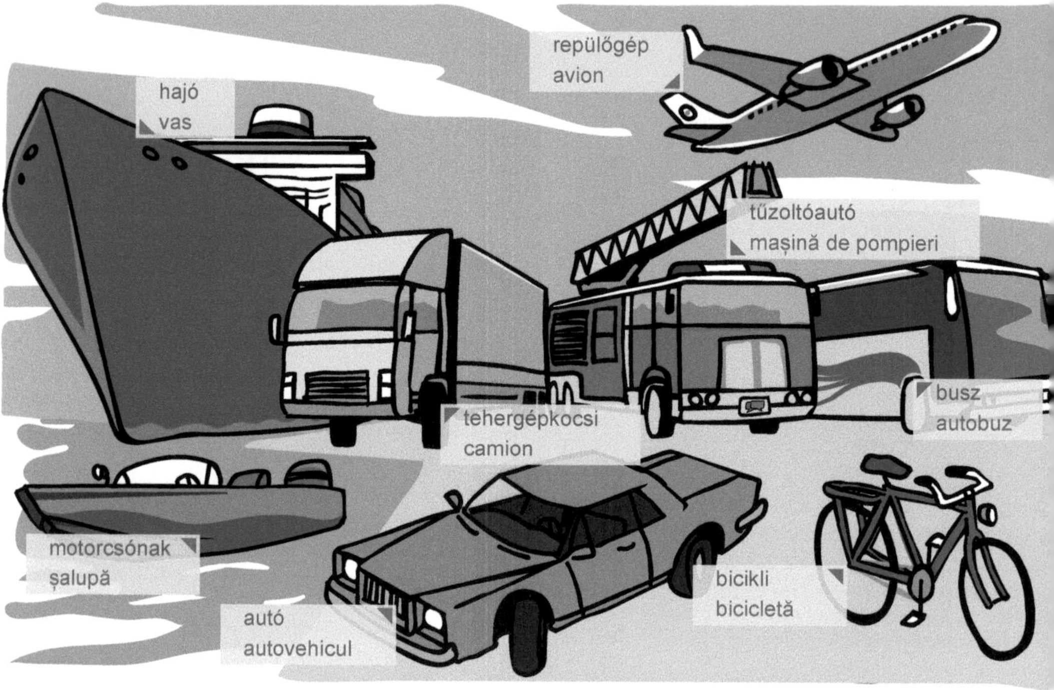
repülőgép
avion
hajó
vas
tűzoltóautó
mașină de pompieri
busz
autobuz
tehergépkocsi
camion
motorcsónak
șalupă
bicikli
bicicletă
autó
autovehicul

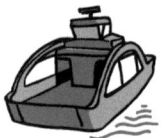

komp

feribot

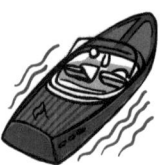

csónak

barcă

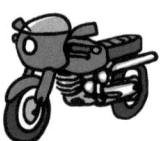

motorkerékpár

motocicletă

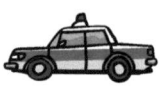

rendőrautó

mașină de poliție

versenyautó

mașină de curse

bérautó

mașină închiriată

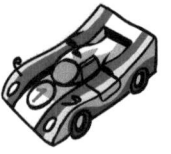

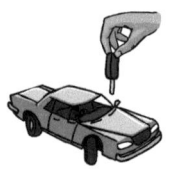

telekocsi

car sharing

vontató

mașină de tractat

szemetes autó

mașină de gunoi

motor

motor

üzemanyag

combustibil

benzinkút

benzinărie

közlekedési tábla

semn de circulație

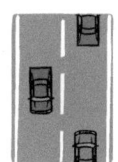

forgalom

trafic

forgalmi dugó

ambuteiaj

parkoló

parcare

vonatállomás

gară

sínek

șine

vonat

tren

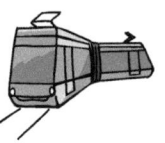

villamos

tramvai

vagon

vagon

helikopter

elicopter

repülőtér

aeroport

torony

turn

utas

pasager

konténer

container

kartondoboz

carton

taliga

căruță

kosár

coș

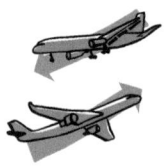

felszáll / leszáll

a decola/a ateriza

város

oraș

falu

sat

városközpont

centru

ház

casă

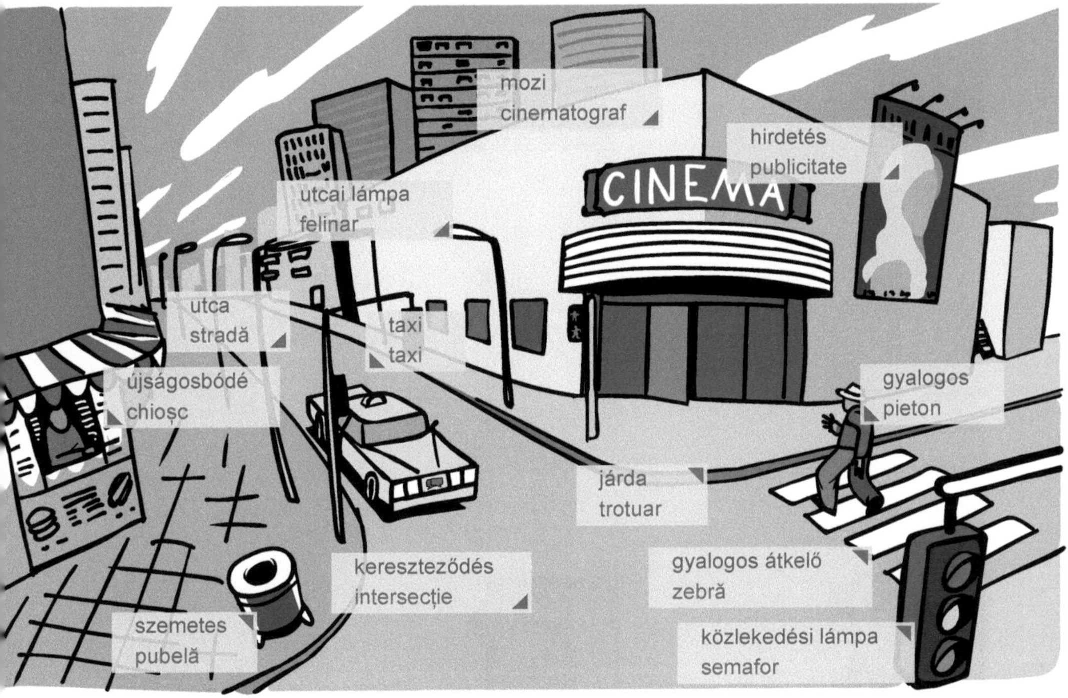
CINEMA
mozi
cinematograf
hirdetés
publicitate
utcai lámpa
felinar
utca
stradă
taxi
taxi
újságosbódé
chioșc
gyalogos
pieton
járda
trotuar
kereszteződés
intersecție
gyalogos átkelő
zebră
szemetes
pubelă
közlekedési lámpa
semafor

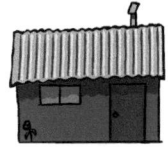

kunyhó

cabană

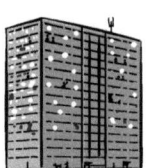

lakás

apartament

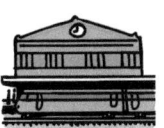

vonatállomás

gară

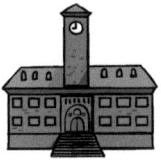

városháza

primărie

MUSEUM

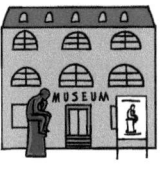

múzeum

muzeu

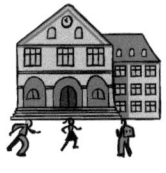

iskola

școală

egyetem

universitate

bank

bancă

kórház

spital

hotel

hotel

gyógyszertár

farmacie

iroda

birou

könyvesbolt

librărie

üzlet

magazin

virágüzlet

florărie

szupermarket

supermarket

piac

piață

áruház

magazin universal

halárus

comerciant de pește

bevásárló központ

centru comercial

kikötő

port

park

parc

pad

bancă

híd

pod

lépcső

trepte

metró

metrou

alagút

tunel

buszmegálló

stație de autobuz

bár

bar

étterem

restaurant

postaláda

cutie poștală

utcatábla

tăbliță indicatoare cu
numele străzii

parkoló óra

parcometru

állatkert

grădină zoologică

uszoda

piscină

mecset

moschee

gazdálkodás

gospodărie țărănească

környezetszennyezés

poluare

temető

cimitir

templom

biserică

játszótér

loc de joacă

szentély

templu

táj

peisaj

levél
frunză

útjelző tábla
indicator

út
drum

rét
pajiște

kő
piatră

túrázó
drumeț

fa
copac

folyó
râu

fű
iarbă

virág
floare

völgy

vale

domb

deal

tó

lac

erdő

pădure

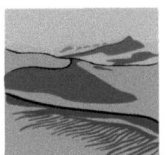

sivatag

deșert

vulkán

vulcan

kastély

castel

szivárvány

curcubeu

gomba

ciupercă

pálmafa

palmier

szúnyog

țânțar

légy

muscă

hangya

furnică

méhecske

albină

pók

păianjen

táj - peisaj

15

bogár

gândac

béka

broască

mókus

veveriţă

sündisznó

arici

nyúl

iepure

bagoly

bufniţă

madár

pasăre

hattyú

lebădă

vaddisznó

porc mistreţ

szarvas

cerb

rénszarvas

elan

gát

dig

szélturbina

turbină eoliană

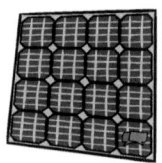

napelem

panou solar

éghajlat

climă

étterem
restaurant

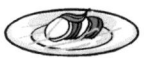

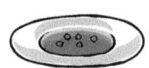

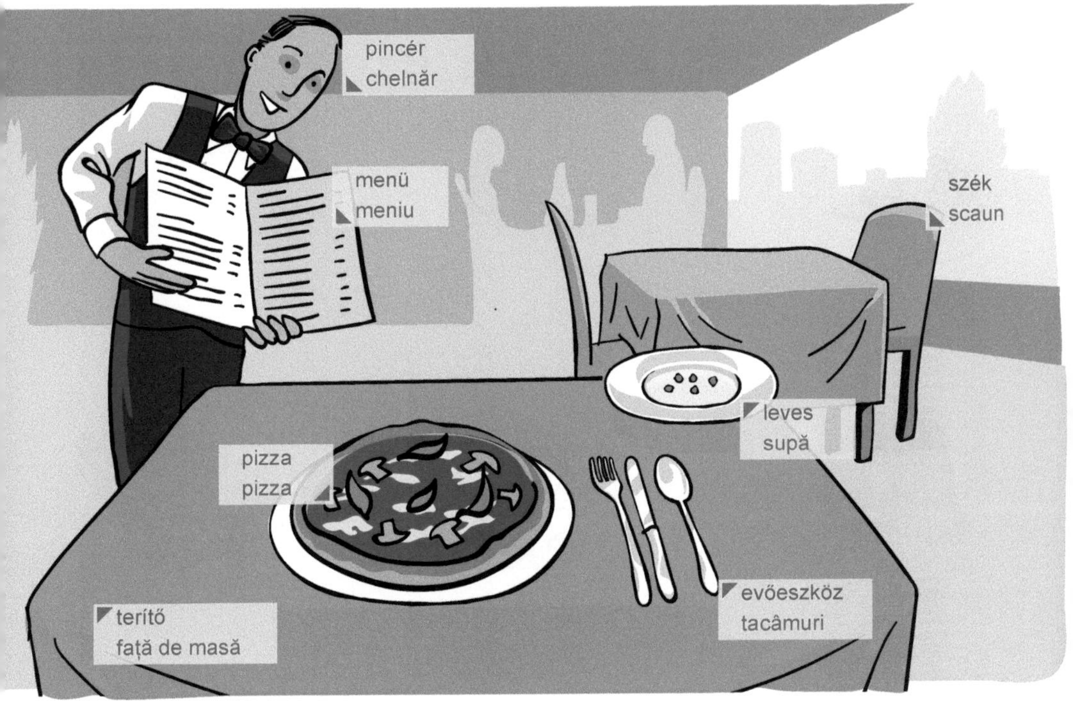

pincér
chelnăr
menü
meniu
szék
scaun
leves
supă
pizza
pizza
evőeszköz
tacâmuri
terítő
faţă de masă

előétel

antreu

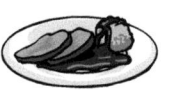

főétel

fel principal

desszert

desert

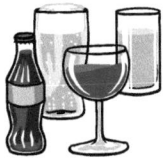

italok

băuturi

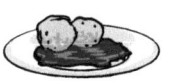

étel

mâncare

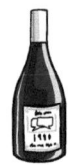

üveg

sticlă

gyorsétel

fastfood

gyorsétel

streetfood

teás kanna

ceainic

cukortartó

zaharniță

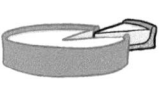

adag

porție

eszpresszógép

espressor

bárszék

scaun înalt (pentru copii)

számla

factură

tálca

tavă

kés

cuțit

villa

furculiță

kanál

lingură

teáskanál

linguriță

szalvéta

șervețel

pohár

pahar

étterem - restaurant

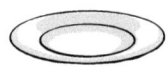

tányér
farfurie

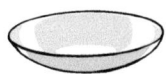

leveses tányér
farfurie de supă

csészealj
farfurie

szósz
sos

sószóró
solniţă

borsőrlő
râşniţă de piper

ecet
oţet

étkezési olaj
ulei

fűszerek
condimente

ketchup
ketchup

mustár
muştar

majonéz
maioneză

szupermarket
supermarket

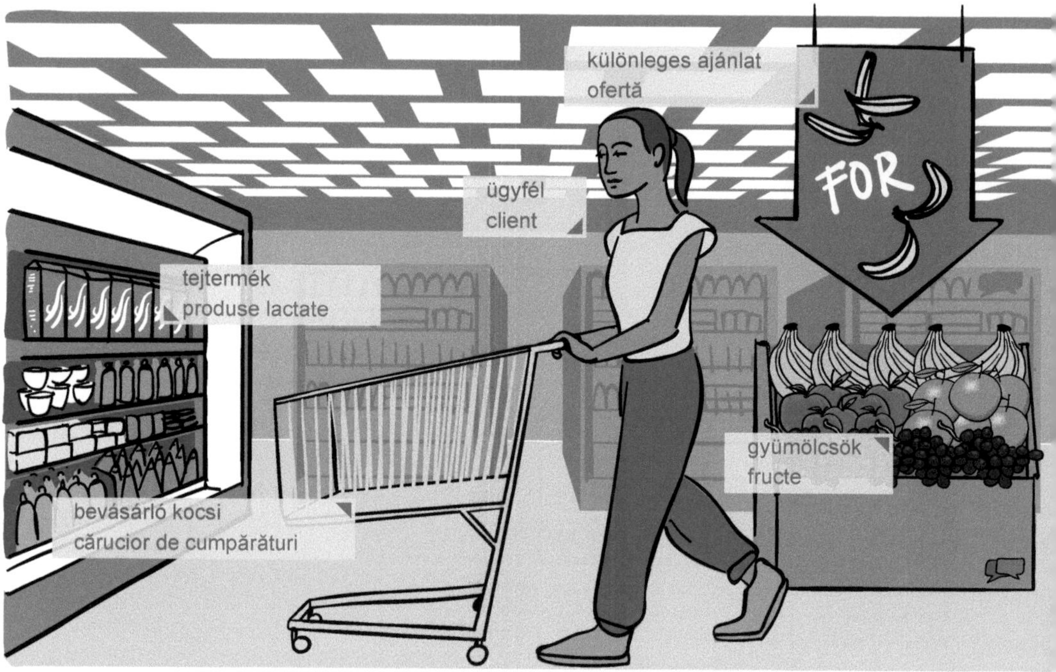

különleges ajánlat
ofertă

ügyfél
client

tejtermék
produse lactate

gyümölcsök
fructe

bevásárló kocsi
cărucior de cumpărături

hentes

măcelărie

pékség

brutărie

nyom valamennyit

a cântări

zöldség

legume

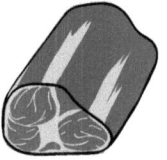

hús

carne

fagyasztott áru

alimente refrigerate

felvágott
ezeluri și brânzeturi feliate

konzerv
conserve

mosópor
detergent

édességek
dulciuri

háztartási termék
articole de menaj

tisztítószerek
produse de curățenie

eladó
vânzătoare

pénztárgép
casă

eladó
casier

bevásárló lista
listă de cumpărături

nyitva tartás
orar

levéltárca
portmoneu

hitelkártya
carte de credit

zacskó
geantă

műanyag zacskó
pungă de plastic

víz
apă

gyümölcslé
suc

tej
lapte

kóla
cola

bor
vin

sör
bere

alkohol
alcool

kakaó
cacao

tea
ceai

kávé
cafea

eszpresszó
espresso

kapucsínó
cappucino

banán

banane

alma

măr

narancs

portocală

sárgadinnye

pepene

citrom

lămâie

sárgarépa

morcov

fokhagyma

usturoi

bambusz

bambus

hagyma

ceapă

gomba

ciupercă

magvak

nuci

nokedli

paste făinoase

spagetti

spagheti

rizs

orez

saláta

salată

sült krumpli

cartofi prăjiți

sült burgonya

cartofi țărănești

pizza

pizza

hamburger

hamburger

szendvics

sandwich

hússzelet

șnițel

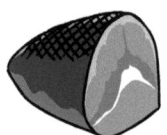

sonka

șuncă

szalámi

salam

kolbász

cârnați

csirke

pui

pecsenye

friptură

hal

pește

étel - mâncare

zabkása

fulgi de ovăz

müzli

musli

kukoricapehely

cereale

liszt

făină

croissant

corn

zsemle

chifle

kenyér

pâine

pirítós kenyér

pâine prăjită

keksz

biscuiți

vaj

unt

túró

brânză de vaci

sütemény

prăjitură

tojás

ou

tükörtojás

ouă ochiuri

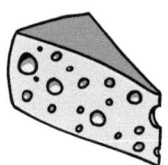

sajt

brânză

étel - mâncare

jégkrém
îngheţată

cukor
zahăr

méz
miere

lekvár
marmeladă

mogyorókrém
cremă nuga

curry
curry

étel - mâncare

gazdálkodás
gospodărie ţărănească

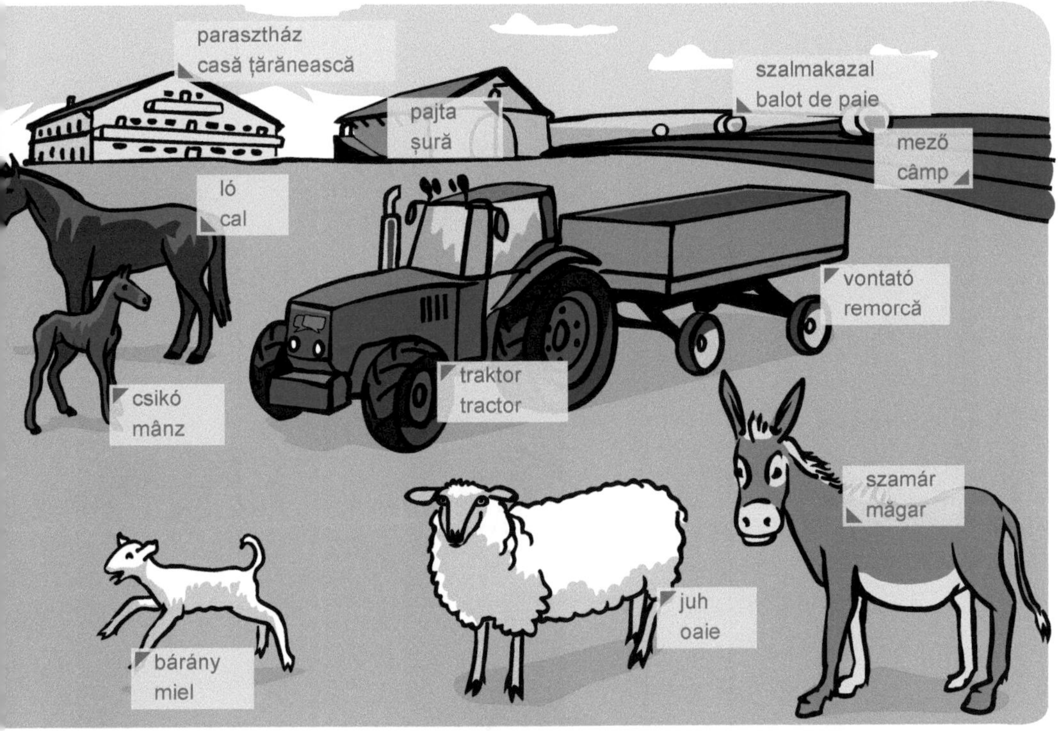
parasztház
casă ţărănească
pajta
şură
szalmakazal
balot de paie
mező
câmp
ló
cal
vontató
remorcă
traktor
tractor
csikó
mânz
szamár
măgar
juh
oaie
bárány
miel

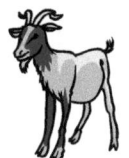

kecske
capră

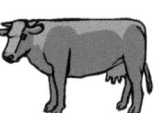

tehén
vacă

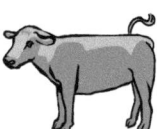

borjú
viţel

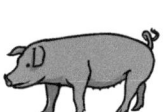

malac
porc

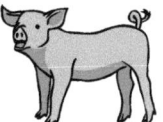

kismalac
purcel

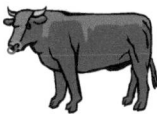

bika
taur

liba

găină

kacsa

rață

csibe

pui

tojó

găină

kakas

cocoș

patkány

șobolan

macska

pisică

egér

șoarece

ökör

bou

kutya

câine

kutyaház

cușcă

kerti öntözőcső

furtun de grădină

öntözőkanna

stropitoare

kasza

coasă

eke

plug

gazdálkodás - gospodărie țărănească

sarló
secer─

kapa
sap─

vasvilla
furc─

fejsze
secure

talicska
roab─

tekn┼æ
troac─

tejes kancsó
can─ pentru lapte

zsák
sac

kerítés
gard

istálló
grajd

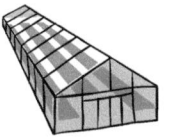

üvegház
ser─

talaj
sol

vet┼æmag
s─mân┼ú─

trágya
fertilizator

csépl┼ægép
combin─ de treierat

szüretelni

a culege

betakarítás

recoltă

yamgyökér

cartof yam

búza

grâu

szója

soia

burgonya

cartof

kukorica

porumb

repcemag

rapiță

gyümölcsfa

pom fructifer

manióka

manioc

gabona

cereale

ház

casă

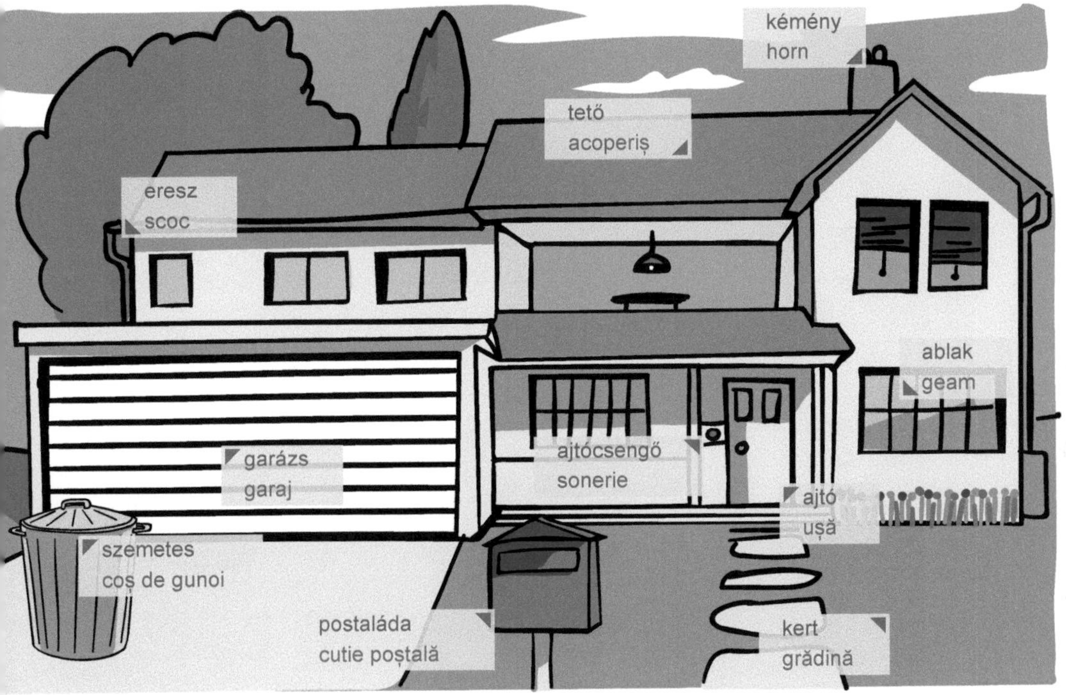

kémény
horn
tető
acoperiș
eresz
scoc
ablak
geam
garázs
garaj
ajtócsengő
sonerie
ajtó
ușă
szemetes
coș de gunoi
postaláda
cutie poștală
kert
grădină

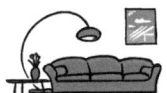

nappali

camera de zi

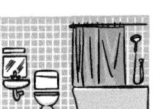

fürdőszoba

baie

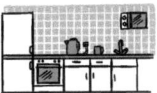

konyha

bucătărie

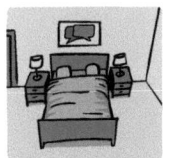

hálószoba

dormitor

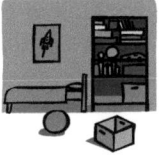

gyerekszoba

camera copiilor

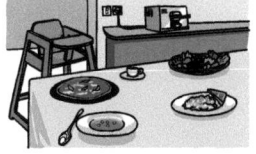

ebédlő

sufragerie

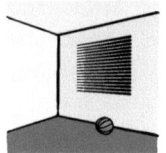

padló

podea

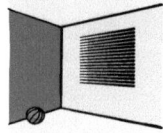

fal

perete

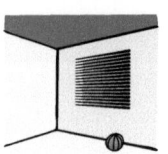

plafon

tavan

pince

pivniță

szauna

saună

erkély

balcon

terasz

terasă

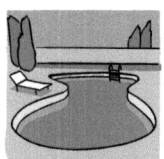

medence

piscină

fűnyíró

mașină de tuns iarba

lepedő

cearșaf

ágytakaró

cuvertură

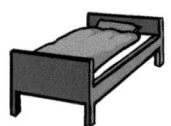

ágy

pat

seprű

mătură

vödör

găleată

kapcsoló

întrerupător

ház - casă

nappali

cameră de zi

tapéta
tapet
kép
pictură
lámpa
lampă
polc
raft
szekrény
dulap
televízió
televizor
kandalló
șemineu
virág
floare
párna
pernă
kanapé
sofa
váza
vază
távirányító
telecomandă

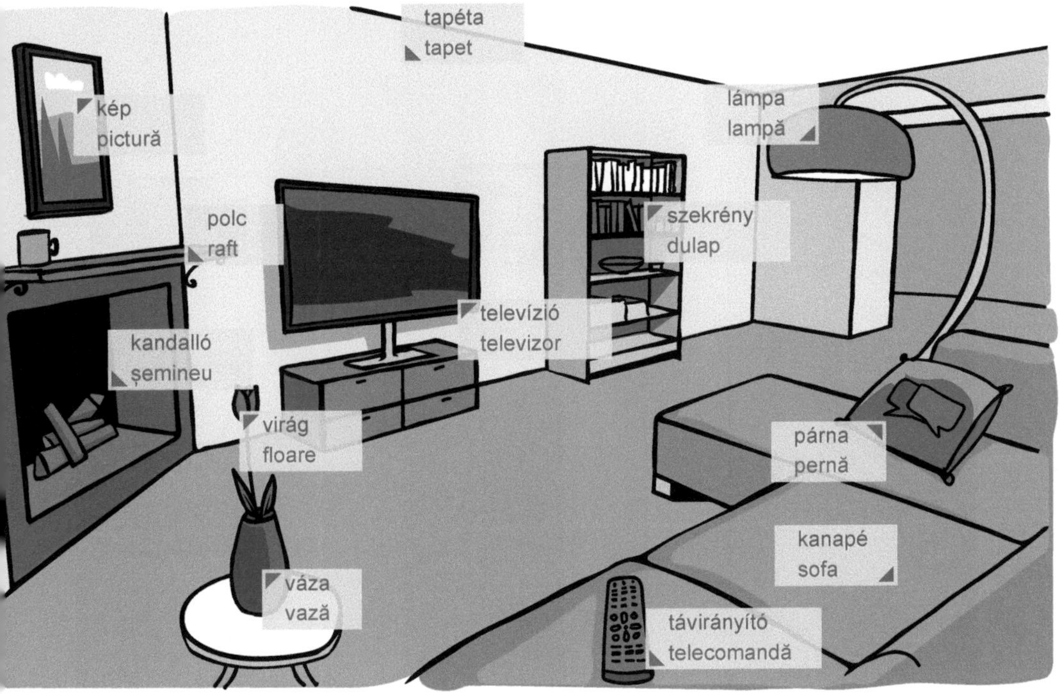

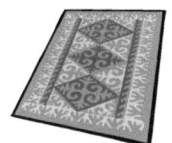

szőnyeg

covor

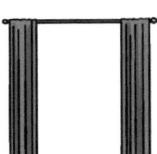

függöny

perdea

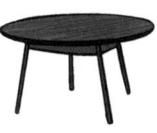

asztal

masă

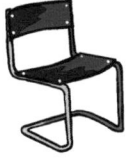

szék

scaun

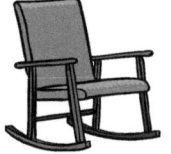

hintaszék

balansoar

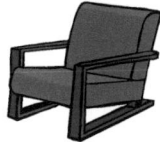

karosszék

fotoliu

könyv

carte

takaró

pătură

dekoráció

decoraţiune

tűzifa

lemn de foc

film

film

hifi

instalaţie stereo

kulcs

cheie

újság

ziar

festmény

desen

poszter

poster

rádió

radio

jegyzetfüzet

caiet de notiţe

porszívó

aspirator

kaktusz

cactus

gyertya

lumânare

konyha
bucătărie

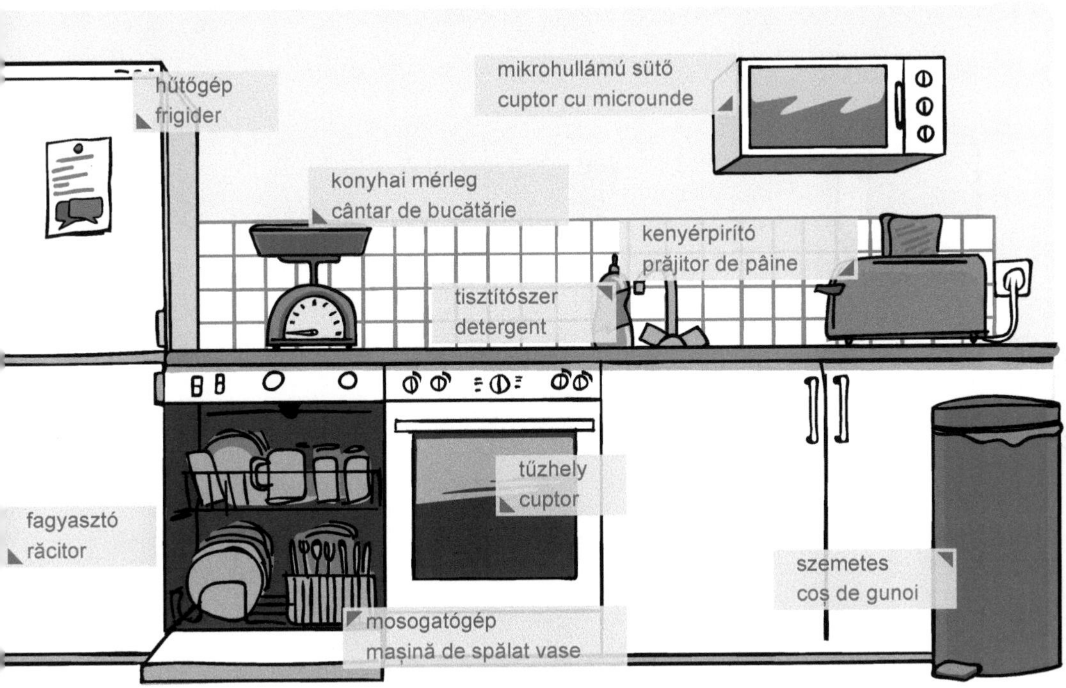

hűtőgép
frigider
mikrohullámú sütő
cuptor cu microunde
konyhai mérleg
cântar de bucătărie
kenyérpirító
prăjitor de pâine
tisztítószer
detergent
tűzhely
cuptor
fagyasztó
răcitor
szemetes
coș de gunoi
mosogatógép
mașină de spălat vase

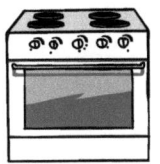

tűzhely

cuptor

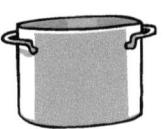

edény

oală

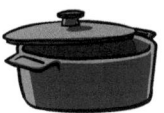

vasfazék

oală de metal

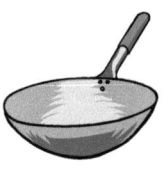

wok / kadai

wok/kadai

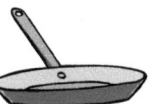

serpenyő

tigaie

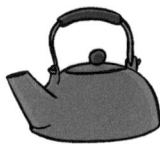

vízforraló

ceainic

páróló

oală de gătit cu aburi

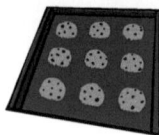

tepsi

tavă de copt

étkészlet

veselă

bögre

pahar

tálka

bol

evőpálcika

bețișoare

merőkanál

polonic

keverőlapátka

spatulă

habverő

tel

szűrő

sită

szita

sită

reszelő

răzătoare

mozsár

mojar

grillsütő

grătar

kandalló

loc pentru grătar

vágódeszka

tocător

sodrófa

sucitor

dugóhúzó

tirbușon

doboz

conservă

konzervnyitó

deschizător de conserve

edényfogó

șervete termice

mosogató

chiuvetă

kefe

perie

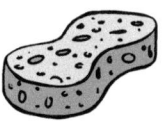

szivacs

burete

turmixgép

mixer

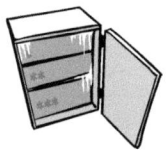

mélyhűtő

ladă frigorifică

cumisüveg

biberon

csap

robinet

konyha - bucătărie

fürdőszoba
baie

fűtés
încălzire
zuhany
duș
törölköző
prosop
zuhanyfüggöny
perdea de duș
habfürdő
baie cu spumă
kád
cadă
pohár
pahar
mosógép
mașină de spălat
csap
robinet
csempe
gresie
bili
oală de noapte
mosogató
chiuvetă

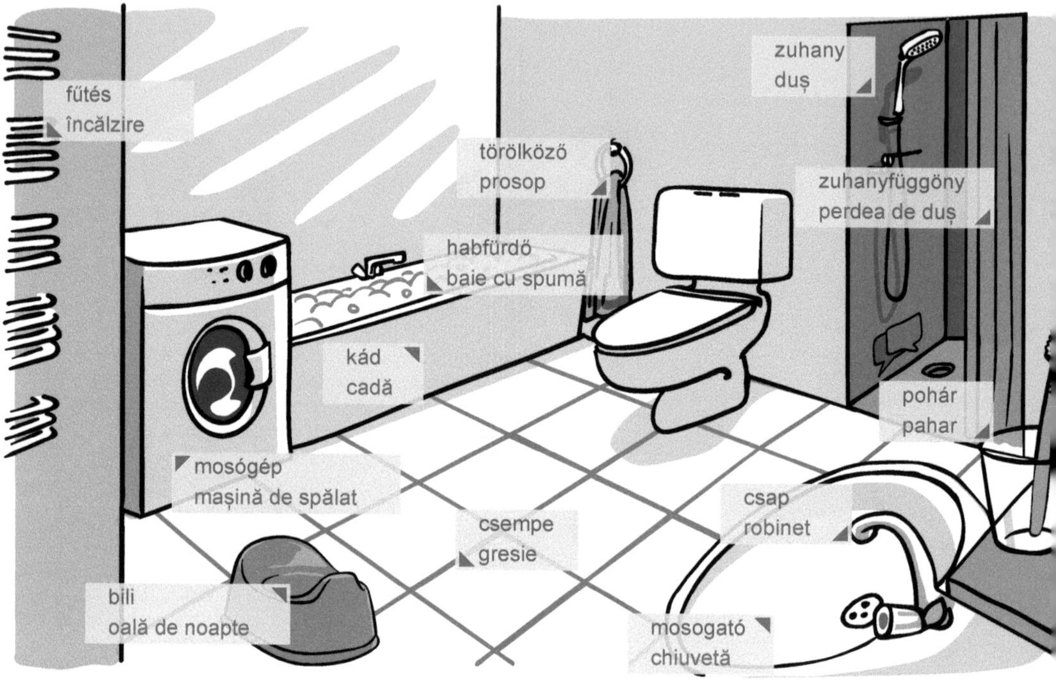

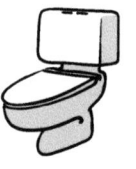

toalett

toaletă

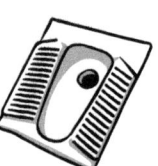

guggolós toalett

toaletă turcescă

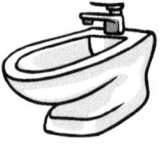

bidé

bideu

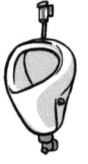

piszoár

pisoir

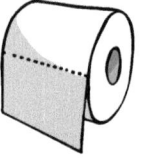

toalett papír

hârtie igienică

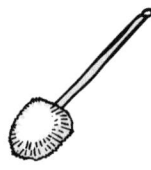

wc kefe

perie de toaletă

fogkefe

periuță de dinți

fogkrém

pastă de dinți

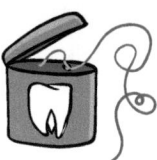

fogselyem

ață dentară

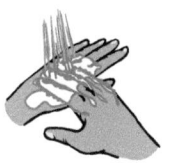

mosni

a spăla

kézi zuhany

cap de duș

intimzuhany

duș intim

mosdótál

lavoar

hátmosó kefe

perie pentru spate

szappan

săpun

tusfürdő

gel de duș

sampon

șampon

mosdókesztyű

cârpă de spălat

lefolyó

scurgere

krém

cremă

dezodor

deodorant

fürdőszoba - baie

tükör

oglindă

kézitükör

oglindă cosmetică

borotva

aparat de ras

borotvahab

spumă de ras

borotválkozás utáni arcszesz
aftershave

fésű

pieptene

hajkefe

perie

hajszárító

uscător de păr

hajlakk

fixator

smink

machiaj

ajakrúzs

ruj

körömlakk

lac de unghii

vatta

vată

körömvágó olló

foarfece de unghii

parfüm

parfum

neszesszer

neseser

sámli

taburet

mérleg

cântar

köntös

halat de baie

gumikesztyű

mănuși de cauciuc

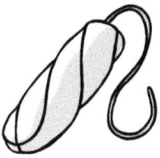

tampon

tampon

egészségügyi betét

tampon

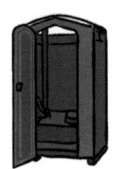

vegyi WC

toaletă chimică

fürdőszoba - baie

gyerekszoba
camera copiilor

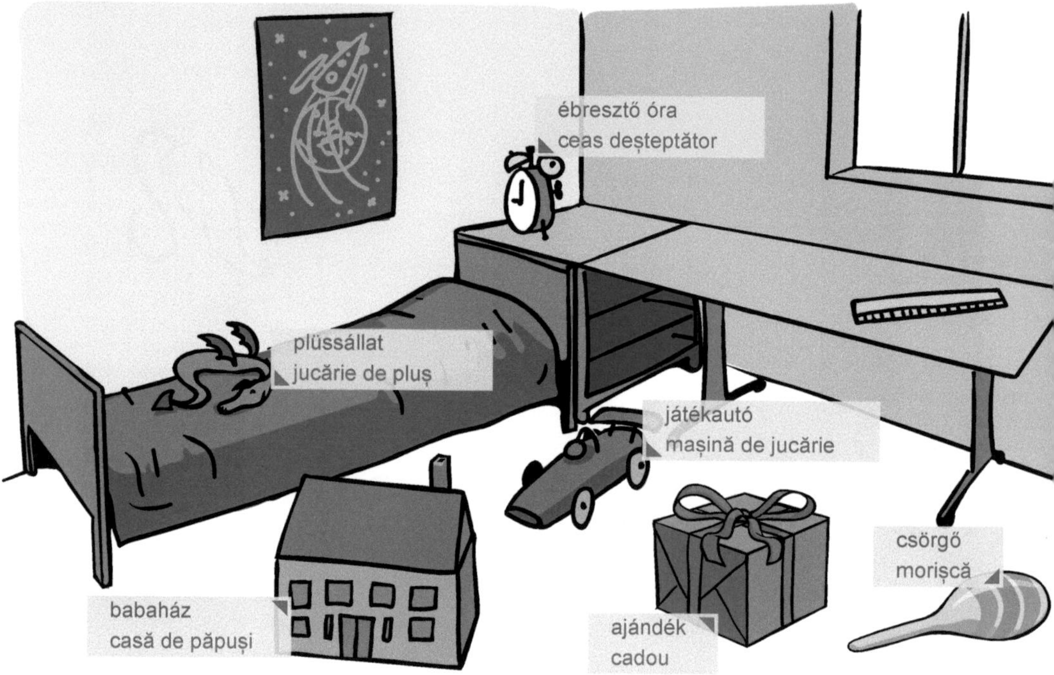

ébresztő óra
ceas deșteptător

plüssállat
jucărie de pluș

játékautó
mașină de jucărie

csörgő
morișcă

babaház
casă de păpuși

ajándék
cadou

lufi
....
balon

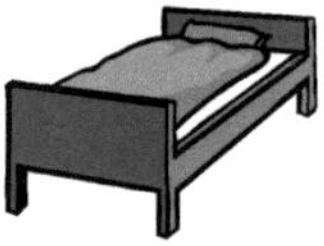

ágy
....
pat

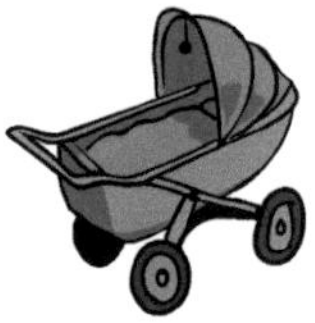

babakocsi
....
cărucior de copii

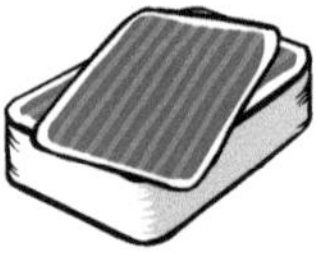

kártyapakli
....
joc de cărți

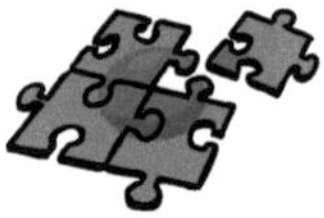

kirakós játék
....
puzzle

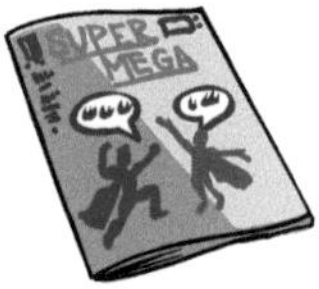

képregény
....
revistă de benzi desenate

építőkockák

cuburi lego

építőelem

piese pentru construcții

szuperhős

personaj din filmele de acțiune

rugdalózó

body

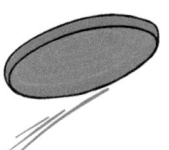

frizbi

frisbee

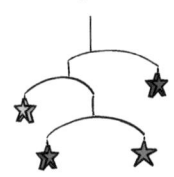

zenélő forgó

mobil

társasjáték

joc de societate

kocka

zar

modellvasút

set trenuleț de jucărie

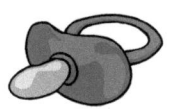

cumi

suzetă

zsúr

petrecere

képeskönyv

carte cu poze

labda

minge

baba

păpușă

játszani

a se juca

homokozó

groapă de nisip

hinta

leagăn

játékok

jucării

videójáték konzol

consolă video

tricikli

tricicletă

teddi maci

ursuleţ

ruhásszekrény

dulap

ruházat
îmbrăcăminte

zokni

şosete

harisnya

ciorapi

harisnyanadrág

dres

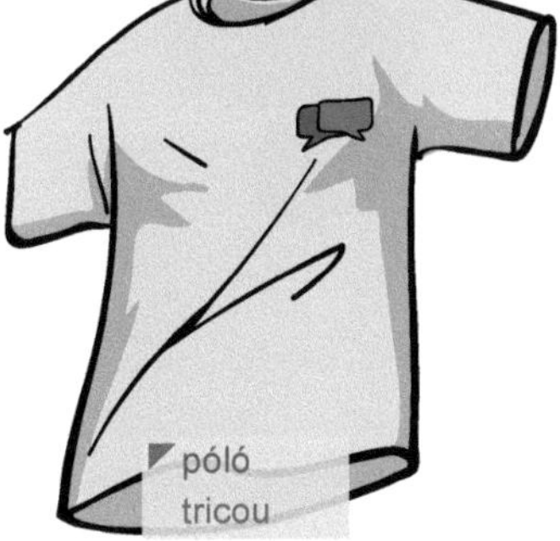

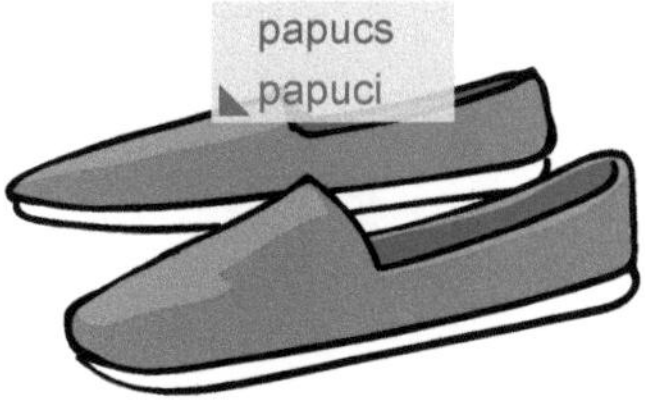

sál
şal

esernyő
umbrelă

póló
tricou

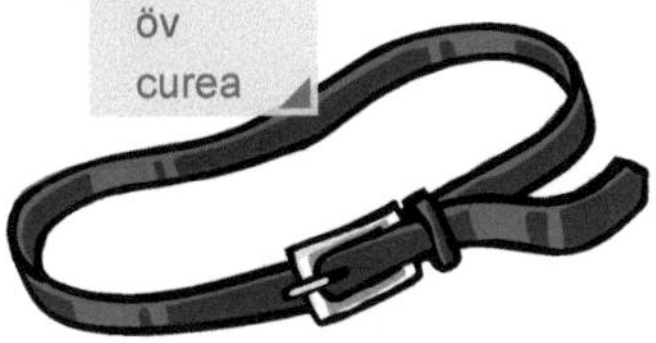

öv
curea

csizma
cizme

papucs
papuci

tornacipő
pantofi sport

szandál
sandale

cipő
încălţăminte

gumicsizma
cizme de cauciuc

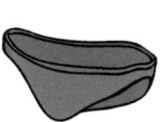

alsónadrág
chilot

melltartó
sutien

mellény
maiou

body
body

nadrág
pantaloni

farmer
blugi

szoknya
fustă

blúz
bluză

ing
cămașă

pulóver
pulover

kapucnis pulóver
jerseu

blézer
sacou

dzseki
jachetă

kabát
palton

esőkabát
pelerină de ploaie

kosztüm
costum

ruha
rochie

esküvői ruha
rochie de mireasă

öltöny
costum

hálóing
cămașă de noapte

pizsama
pijama

szári
sari

fejkendő
batic

turbán
turban

burka
burka

kaftán
caftan

abaya
abaya

fürdőruha
costum de baie

fürdőnadrág
șort

rövidnadrág
pantaloni scurți

tréningruha
trening

kötény
șorț

kesztyű
mănuși

gomb

nasture

szemüveg

ochelari

karkötő

brățară

nyaklánc

lanț

gyűrű

inel

fülbevaló

cercel

sapka

căciulă

vállfa

umeraș

kalap

pălărie

nyakkendő

cravată

cipzár

fermoar

bukósisak

cască

nadrágtartó

bretele

iskolai egyenruha

uniformă școlară

egyenruha

uniformă

előke
....
baveţică

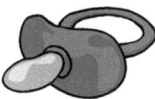

cumi
....
suzetă

pelenka
....
scutec

iroda
birou

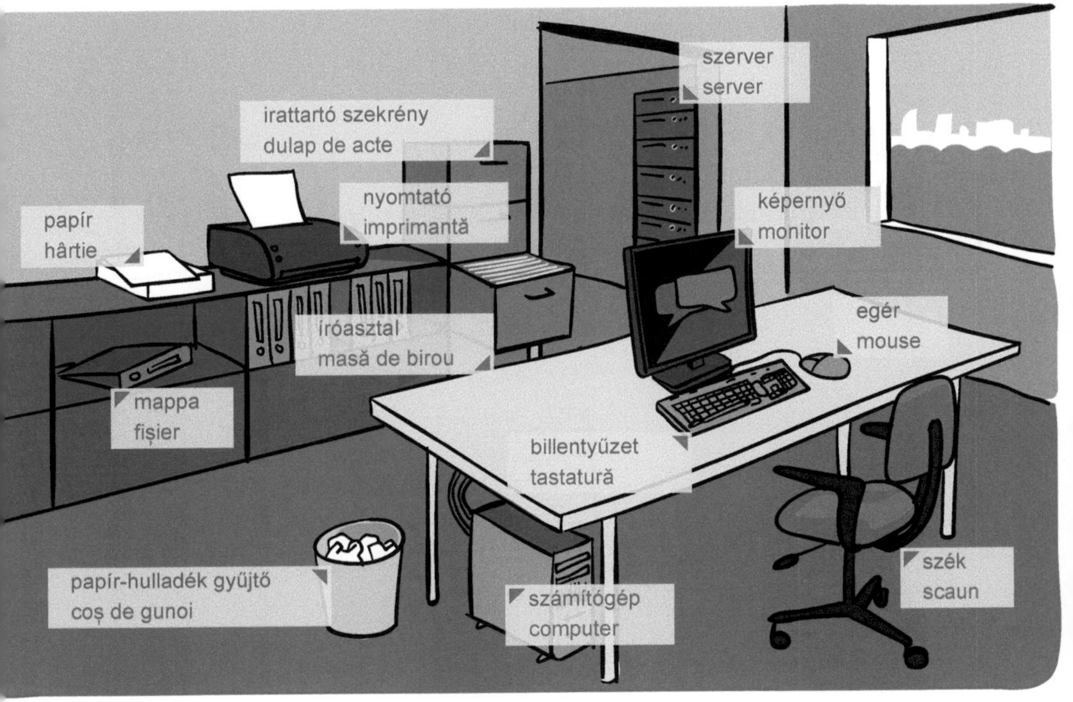

szerver
server

irattartó szekrény
dulap de acte

nyomtató
imprimantă

papír
hârtie

képernyő
monitor

íróasztal
masă de birou

egér
mouse

mappa
fişier

billentyűzet
tastatură

papír-hulladék gyűjtő
coş de gunoi

szék
scaun

számítógép
computer

kávéscsésze
....
ceaşcă de cafea

számológép
....
calculator

internet
....
internet

laptop
laptop

levél
scrisoare

üzenet
mesaj

mobiltelefon
telefon mobil

hálózat
reţea

fénymásoló
copiator

szoftver
software

telefon
telefon

konnektor
priză

faxgép
fax

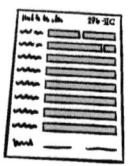

formanyomtatvány
formular

dokumentum
document

venni

a cumpăra

fizetni

a plăti

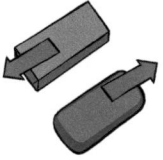

kereskedni

a face comerț

pénz

bani

dollár

Dolar

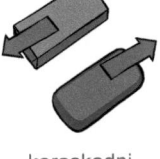

euró

Euro

jen

Yen

rubel

Rublă

svájci frank

Franc Elvețian

kínai jüan

renminbi yuan

rúpia

Rupie

bankautomata

bancomat

valutaváltó iroda

casă de schimb valutar

arany

aur

ezüst

argint

olaj

petrol

energia

energie

ár

preț

szerződés

contract

adó

impozit

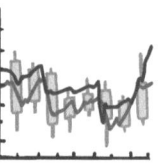

részvény

acțiune

dolgozni

a munci

munkavállaló

angajat

munkaadó

angajator

gyár

fabrică

üzlet

magazin

foglalkozások
ocupații

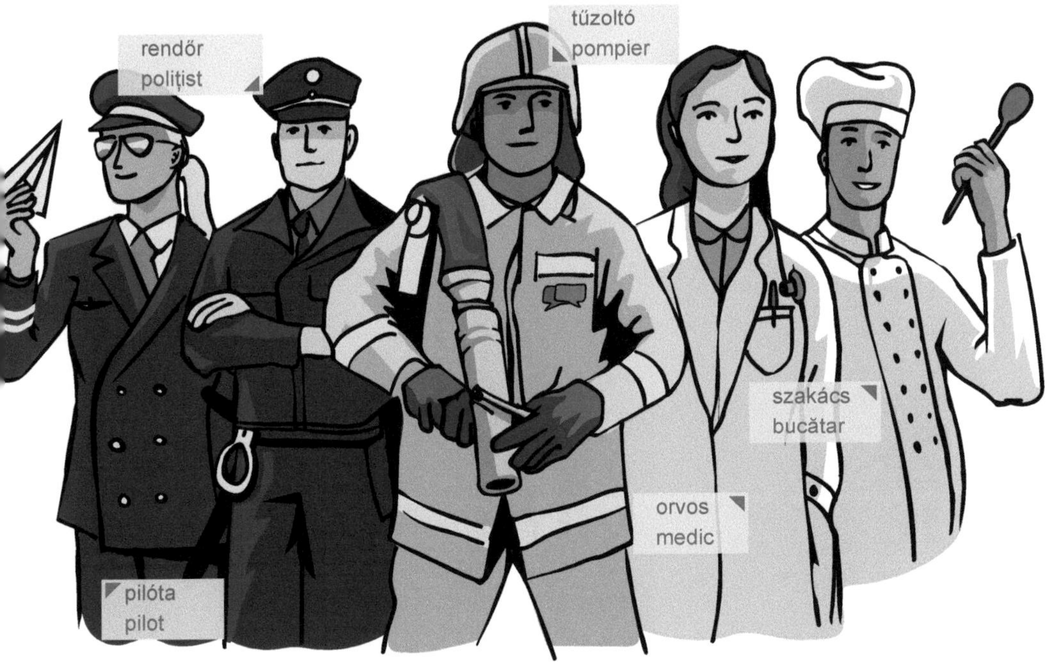
rendőr
polițist
tűzoltó
pompier
szakács
bucătar
orvos
medic
pilóta
pilot

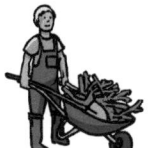

kertész

grădinar

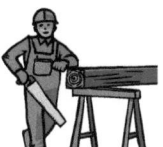

kárpitos

tâmplar

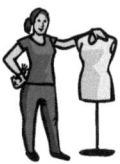

varrónő

cusătoreasă

bíró

judecător

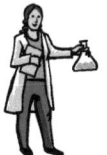

vegyész

chimist

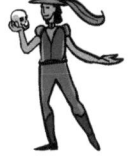

színész

actor

buszsofőr

șofer de autobuz

taxisofőr

șofer de taxi

halász

pescar

bejárónő

femeie de serviciu

tetőfedő

tinichigiu

pincér

chelnăr

vadász

vânător

festő

pictor

pék

brutar

villanyszerelő

electrician

építőmunkás

muncitor în construcții

mérnök

inginer

hentes

măcelar

vízvezeték-szerelő

instalator

postás

poștaș

katona
soldat

építész
arhitect

eladó
casier

virágos
florar

fodrász
frizer

kalauz
controlor

műszerész
mecanic

kapitány
căpitan

fogorvos
stomatolog

tudós
om de știință

rabbi
rabin

imám
imam

szerzetes
călugăr

lelkész
preot

foglalkozások - ocupații

szerszámok
instrumente

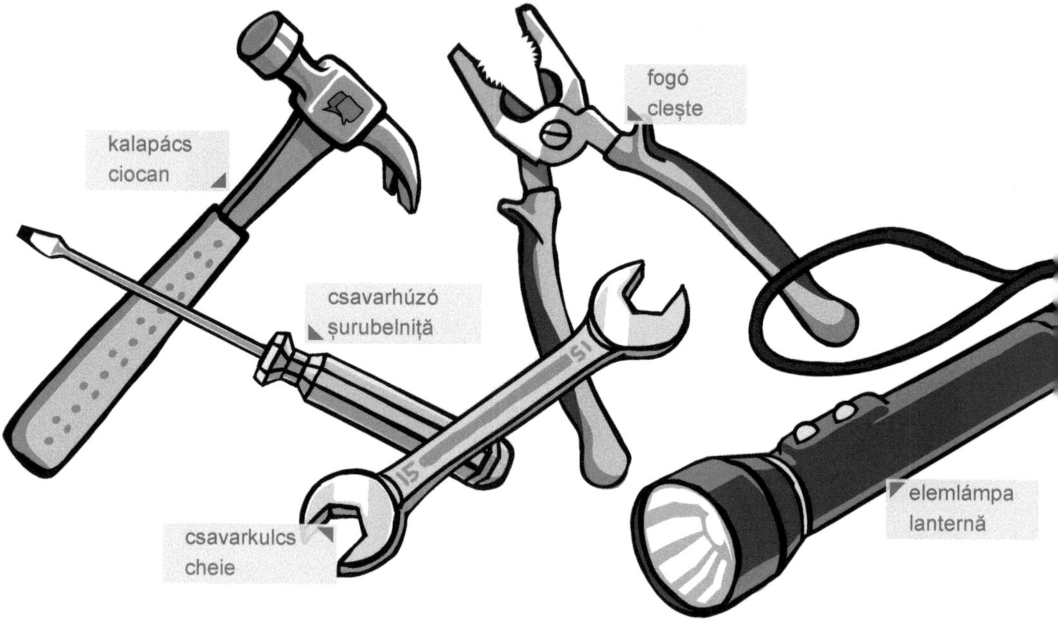

kalapács
ciocan
fogó
clește
csavarhúzó
șurubelniță
csavarkulcs
cheie
elemlámpa
lanternă

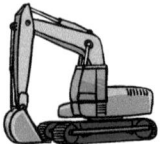

markológép

excavator

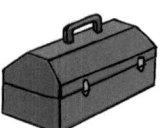

szerszámosláda

cutie de scule

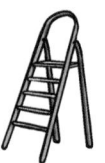

vödör

scară

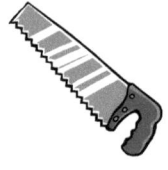

fűrész

ferăstrău

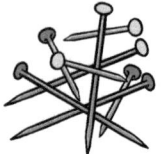

szög

cuie

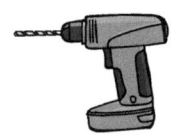

fúrógép

burghiu

megjavítani

a repara

lapát

lopată

A francba!

La naiba!

szemétlapát

făraș

festékesdoboz

vas pentru vopsea

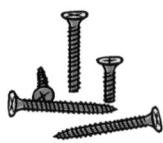

csavar

șuruburi

hangszerek

instrumente muzicale

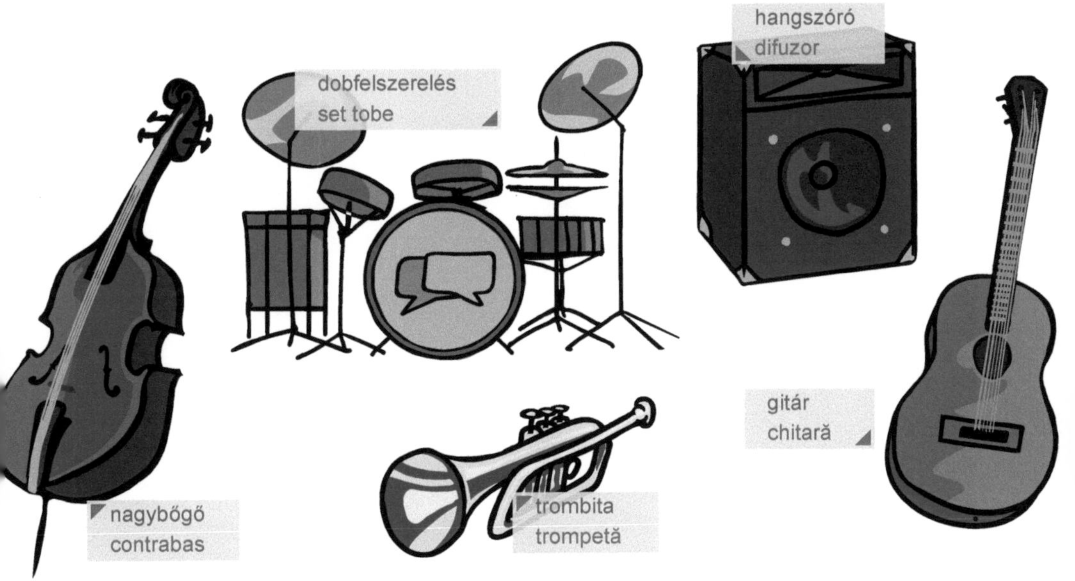

dobfelszerelés
set tobe

hangszóró
difuzor

gitár
chitară

nagybőgő
contrabas

trombita
trompetă

zongora

pian

hegedű

vioară

basszusgitár

bas

üstdob

trombon

dobok

tobă

digitális zongora

keyboard

szaxofon

saxofon

fuvola

fluier

mikrofon

microfon

állatkert

grădină zoologică

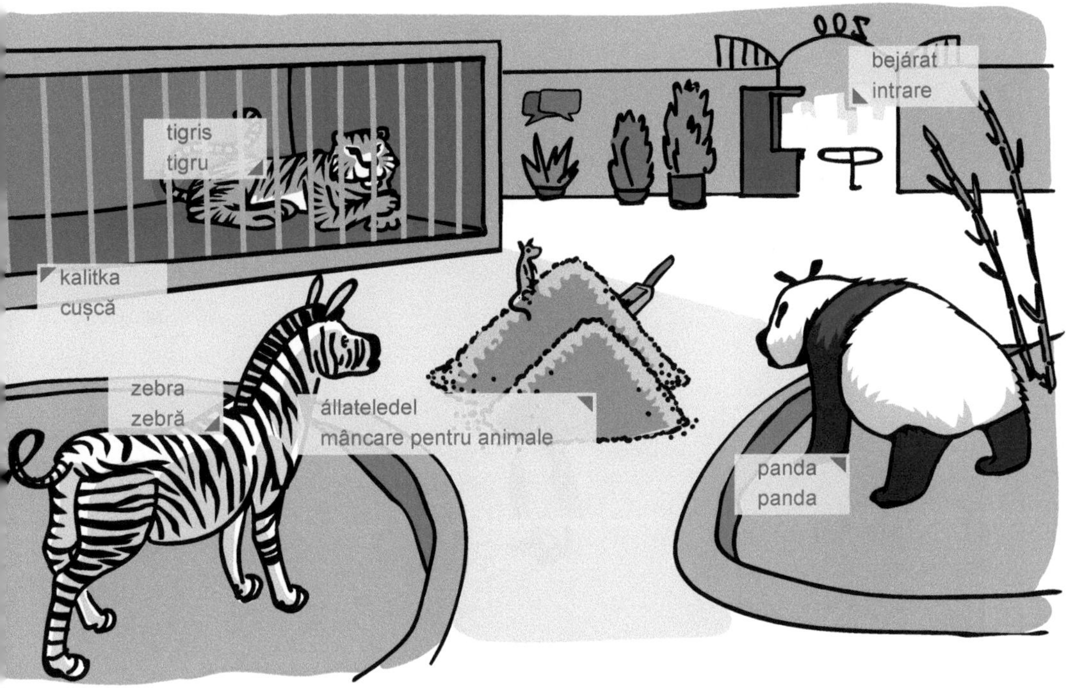

tigris
tigru
kalitka
cușcă
zebra
zebră
állateledel
mâncare pentru animale
bejárat
intrare
panda
panda

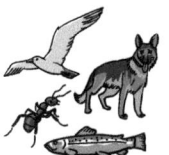

állatok

animale

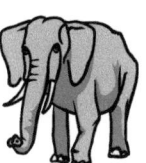

elefánt

elefant

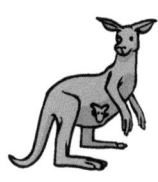

kenguru

cangur

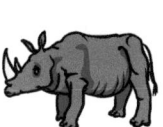

orrszarvú

rinocer

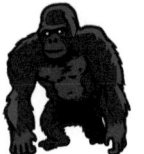

gorilla

gorilă

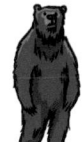

medve

urs

teve

cămilă

strucc

struț

oroszlán

leu

majom

maimuță

flamingó

flamingo

papagáj

papagal

jegesmedve

urs polar

pingvin

pinguin

cápa

rechin

páva

păun

kígyó

șarpe

krokodil

crocodil

állatgondozó

îngrijitor grădina zoologică

fóka

focă

jaguár

jaguar

póniló
ponei

leopárd
leopard

víziló
hipopotam

zsiráf
girafă

sas
acvilă

vaddisznó
porc mistreţ

hal
peşte

teknős
broască ţestoasă

rozmár
morsă

róka
vulpe

gazella
gazelă

amerikai futball
fotbal american

kerékpározás
ciclism

tenisz
tenis

kosárlabda
basketball

úszás
înot

boksz
box

jégkorong
hockey pe gheață

futball
fotbal

tollas
badminton

atlétika
atletism

kézilabda
handbal

síelés
schi

lovaspóló
polo

ugrani
a sări

ölelni
a îmbrățișa

nevetni
a râde

sétálni
a merge

énekelni
a cânta

álmodni
a visa

dicsérni
a se ruga

csókolni
a săruta

írni
a scrie

rajzolni
a desena

mutatni
a arăta

tolni
a împinge

adni
a da

vinni
a lua

birtokolni

a avea

csinálni

a face

lenni

a fi

állni

a sta în picioare

futni

a fugi

húzni

a trage

hajít

a arunca

esni

a cădea

hazudni

a sta întins

várni

a aștepta

vinni

a purta

ülni

a ședea

felvenni

a se îmbrăca

aludni

a dormi

felébredni

a se trezi

ránézni

a privi

sírni

a plânge

simogat

a mângâia

fésülni

a se pieptăna

beszélni

a vorbi

megérteni

a înţelege

kérdezni

a întreba

hallgatni

a asculta

inni

a bea

enni

a mânca

takarítani

a face ordine

szeretni

a iubi

főzni

a găti

vezetni

a conduce

szállni

a zbura

vitorlázni

a naviga

számol

a calcula

olvasni

a citi

tanulni

a învăța

dolgozni

a munci

házasodni

a se căsători

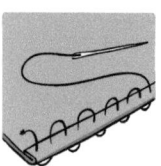

varrni

a coase

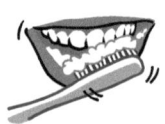

fogat mosni

a se spăla pe dinți

ölni

a ucide

dohányozni

a fuma

küldeni

a trimite

család
familie

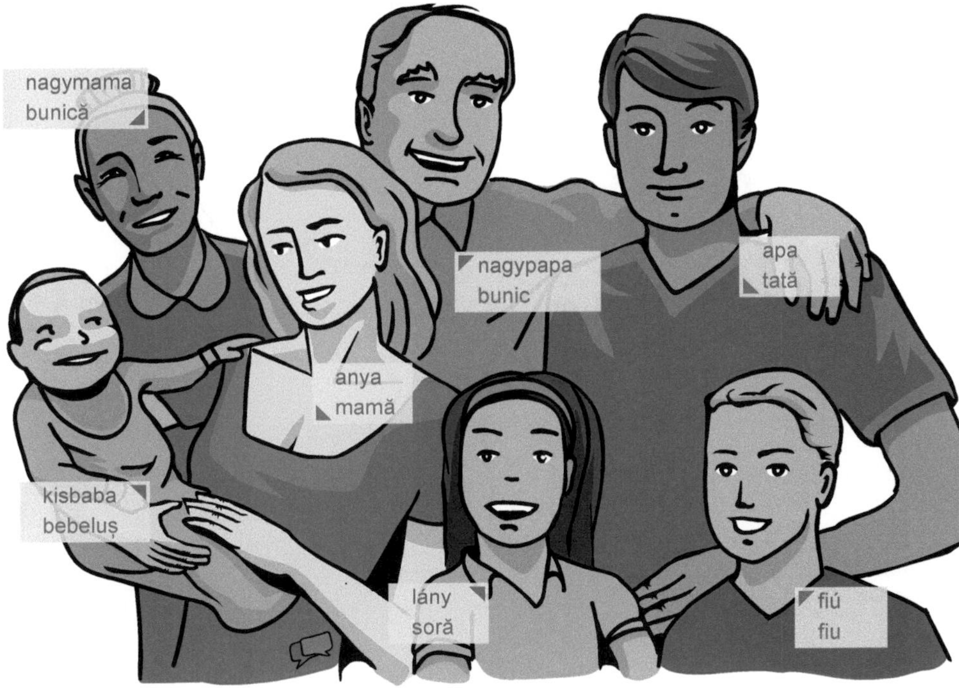
nagymama
bunică
nagypapa
bunic
apa
tată
anya
mamă
kisbaba
bebeluș
lány
soră
fiú
fiu

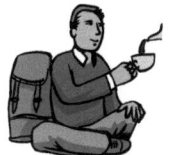

vendég
oaspete

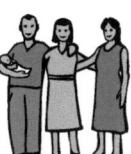

nagynéni
mătușă

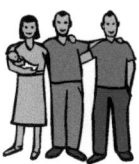

nagybácsi
unchi

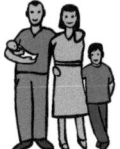

fiútestvér
frate

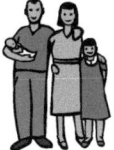

lánytestvér
soră

test

corp

homlok
frunte
szem
ochi
arc
față
áll
bărbie
mell
piept
ujj
deget
kéz
mână
kar
braț
váll
umăr
láb
picior

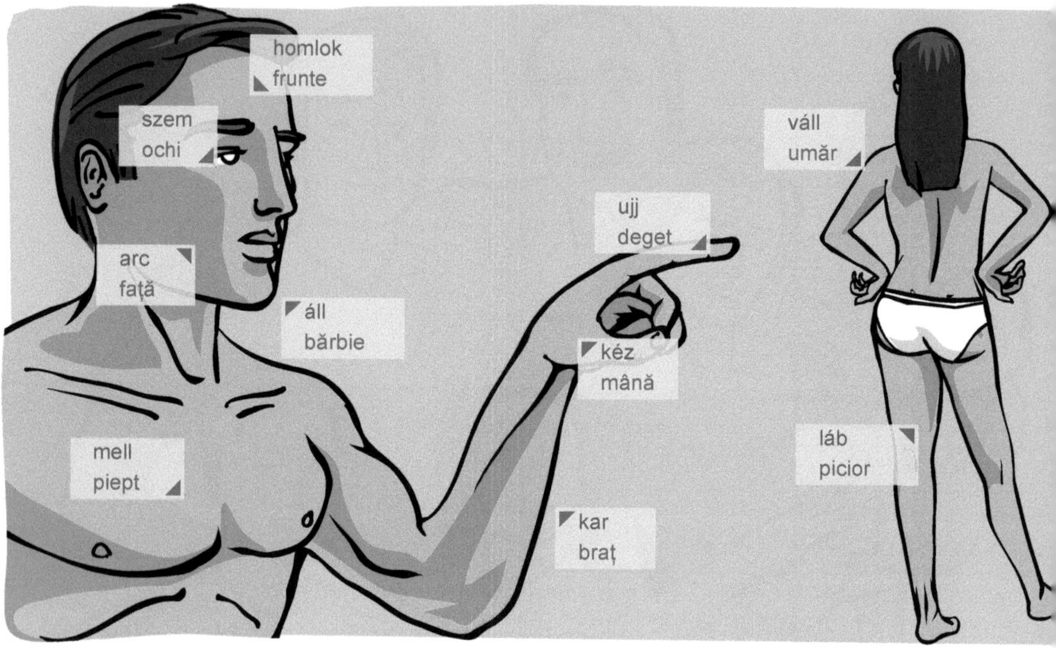

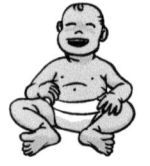

kisbaba

bebeluș

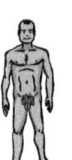

ember

bărbat

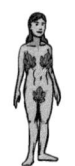

nő

femeie

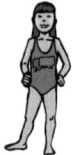

lány

fată

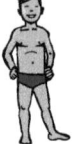

fiú

băiat

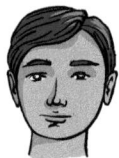

fej

cap

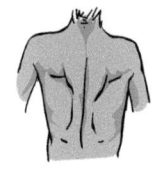

hát

spate

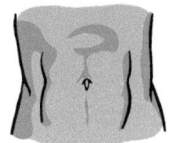

has

abdomen

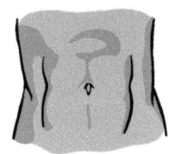

köldök

ombilic

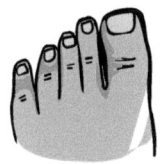

lábujj

deget de la picior

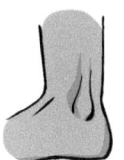

sarok

călcâi

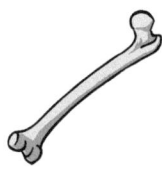

csont

os

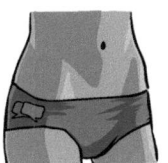

csípő

șold

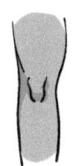

térd

genunchi

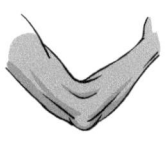

könyök

cot

orr

nas

fenék

fund

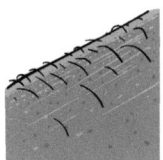

bőr

piele

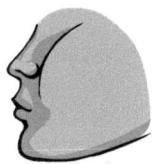

orca

obraz

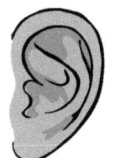

fül

ureche

ajak

buză

száj
gură

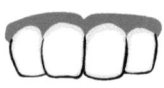

fog
dinte

nyelv
limbă

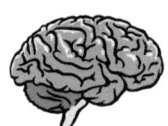

agy
creier

szív
inimă

izom
mușchi

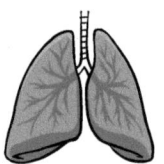

tüdő
plămân

máj
ficat

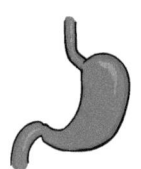

gyomor
stomac

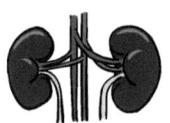

vese
rinichi

szex
sex

kondom
prezervativ

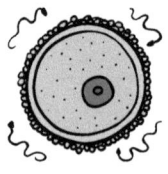

petesejt
ovul

sperma
spermă

terhesség
sarcină

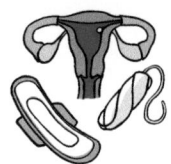

menstruáció

menstruație

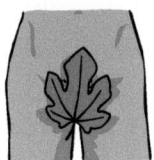

vagina

vagin

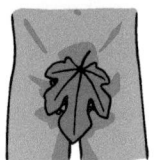

pénisz

penis

szemöldök

sprânceană

haj

păr

nyak

gât

kórház
spital

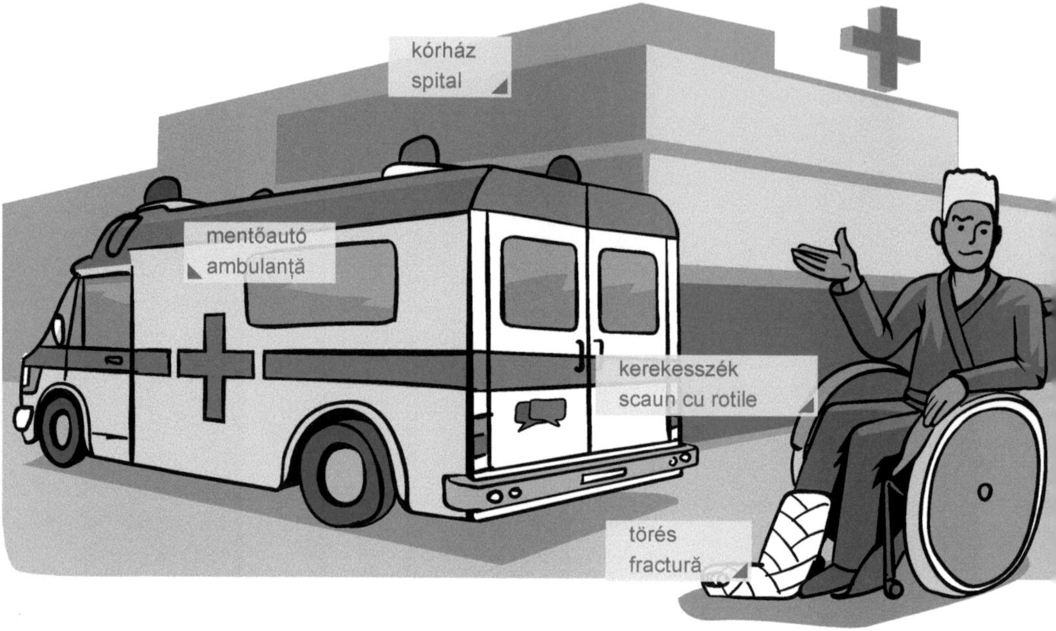

kórház
spital
mentőautó
ambulanță
kerekesszék
scaun cu rotile
törés
fractură

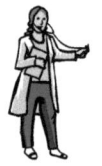

orvos
medic

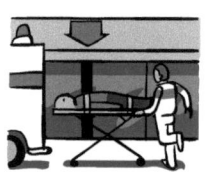

sürgősségi osztály
unitate de primiri urgențe

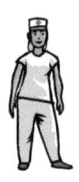

ápoló
soră medicală

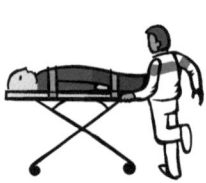

vészhelyzet
urgență

eszméletlen
inconștient

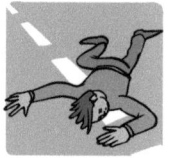

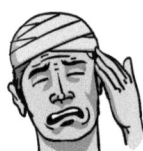

fájdalom
durere

sérülés

leziune

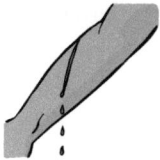

vérzés

sângerare

szívroham

infarct miocardic

szélütés

atac cerebral

allergia

alergie

köhögés

tuse

láz

febră

influenza

gripă

hasmenés

diaree

fejfájás

durere de cap

rák

cancer

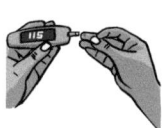

cukorbetegség

diabet

sebész

chirurg

szike

scalpel

műtét

operație

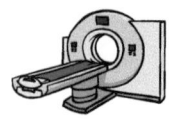

CT
CT

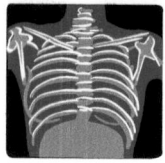

röntgen
raze Röntgen

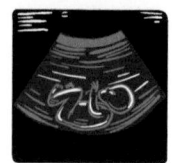

ultrahang
ultrasunet

arcmaszk
mască

betegség
boală

váróterem
sală de așteptare

mankó
cârjă

sebtapasz
plasture

kötszer
bandaj

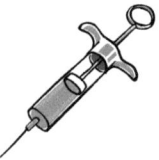

injekció
injecție

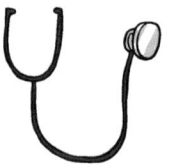

sztetoszkóp
stetoscop

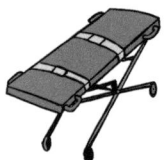

hordágy
targă

klinikai hőmérő
termometru

születés
naștere

túlsúly
supraponderabilitate

hallókészülék

aparat auditiv

fertőtlenítőszer

dezinfectant

fertőzés

infecţie

vírus

virus

HIV/AIDS

HIV/SIDA

orvosság

medicină

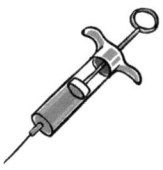

oltás

vaccin

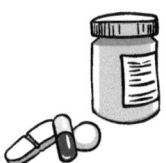

tabletták

tablete

tabletta

pastilă

sürgősségi hívás

apel de urgenţă

vérnyomásmérő

aparat de măsurare a
presiunii arteriale

betegség / egészség

bolnav/sănătos

Segítség!

Ajutor!

riasztás

alarmă

rajtaütés

agresiune

támadás

atac

veszély

pericol

vészkijárat

ieșire de urgență

tűz!

Foc!

tűzoltókészülék

extinctor

baleset

accident

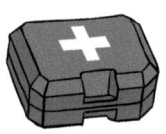

elsősegélycsomag

trusă de prim-ajutor

SOS

SOS

rendőrség

poliție

Európa

Europa

Észak-Amerika

America de Nord

Dél-Amerika

America de Sud

Afrika

Africa

Ázsia

Asia

Ausztrália

Australia

Atlanti-óceán

Altantic

Csendes-óceán

Pacific

Indiai-óceán

Oceanul Indian

Déli-óceán

Oceanul Antarctic

Jeges-tenger

Oceanul Arctic

Északi-sark

Polul Nord

Déli-sark

Polul Sud

Antarktisz

Antarctica

föld

pământ

szárazföld

ţară

tenger

mare

sziget

insulă

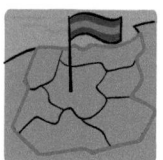

nemzet

naţiune

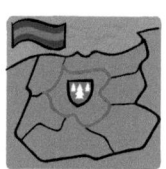

állam

stat

számlap

cadran

kismutató

orar

nagymutató

minutar

másodpercmutató

secundar

Mennyi az idő?

Cât e ceasul?

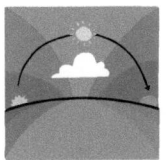

nap

zi

idő

timp

most

acum

digitális óra

cead digital

perc

minut

óra

oră

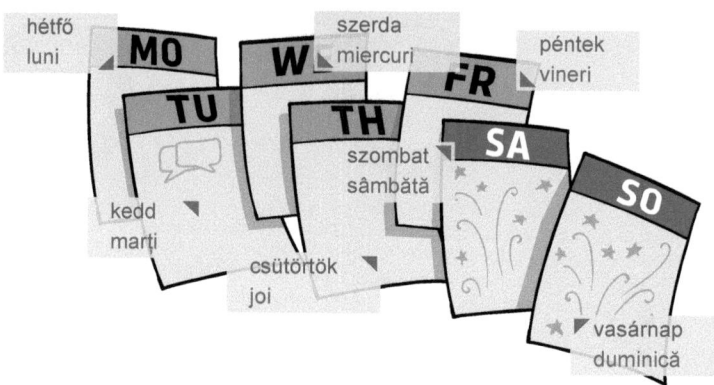

hétfő
luni

szerda
miercuri

péntek
vineri

kedd
marţi

szombat
sâmbătă

csütörtök
joi

vasárnap
duminică

tegnap

ieri

ma

azi

holnap

mâine

reggel

dimineaţă

dél

amiază

este

seară

MO	TU	WE	TH	FR	SA	SU
1	2	3	4	5	6	7
8	9	10	11	12	13	14
15	16	17	18	19	20	21
22	23	24	25	26	27	28
29	30	31	1	2	3	4

hétköznap

zile lucrătoare

MO	TU	WE	TH	FR	SA	SU
1	2	3	4	5	6	7
8	9	10	11	12	13	14
15	16	17	18	19	20	21
22	23	24	25	26	27	28
29	30	31	1	2	3	4

hétvége

week-end

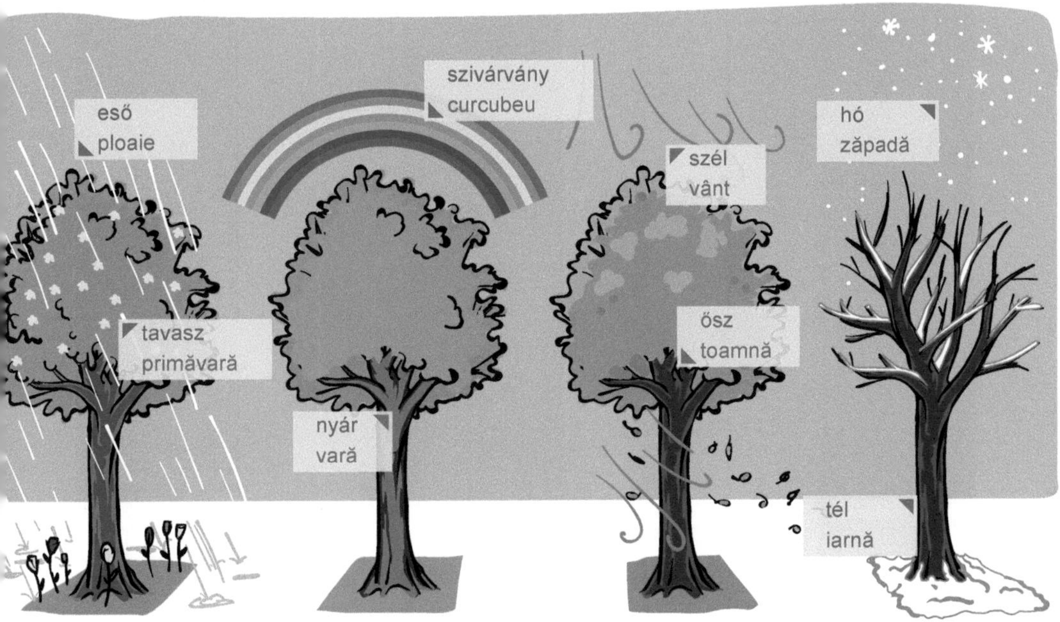

eső
ploaie
szivárvány
curcubeu
hó
zăpadă
szél
vânt
tavasz
primăvară
ősz
toamnă
nyár
vară
tél
iarnă

4.APRIL 11°
5.APRIL 4°
6.APRIL 13°
7.APRIL 8°
8.APRIL 10°

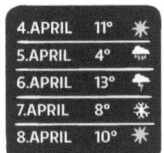

időjárás előrejelzés

prognoză meteo

F
C

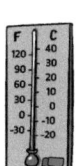

hőmérő

termometru

napsütés

lumina soarelui

felhő

nor

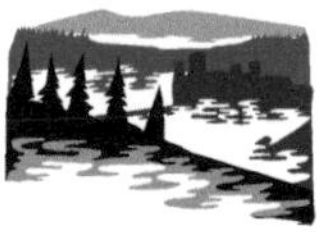

köd

ceață

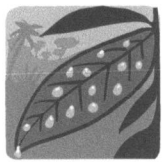

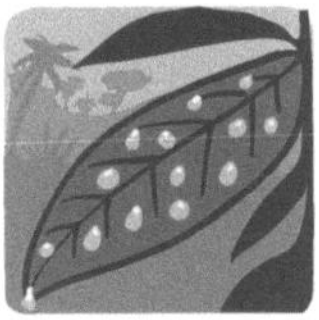

páratartalom

umiditate a aerului

villámlás

fulger

mennydörgés

tunet

vihar

furtună

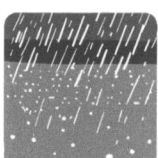

jégeső

grindină

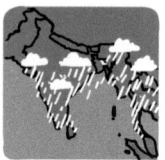

monszun

muson

áradás

inundaţie

jég

gheaţă

január

ianuarie

február

februarie

március

martie

április

aprilie

május

mai

június

iunie

július

iulie

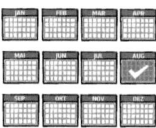

augusztus

august

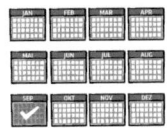

szeptember
....
septembrie

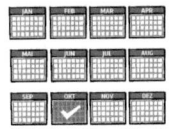

október
....
octombrie

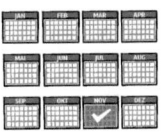

november
....
noiembrie

december
....
decembrie

alakzatok
forme

kör
....
cerc

négyzet
....
pătrat

téglalap
....
dreptunghi

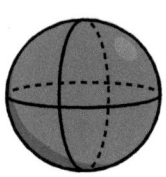

háromszög
....
triunghi

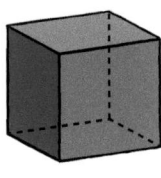

gömb
....
sferă

kocka
....
cub

fehér

alb

sárga

galben

narancs

portocaliu

rózsaszín

roz

piros

roşu

lila

violet

kék

albastru

zöld

verde

barna

maro

szürke

gri

fekete

negru

sok / kevés

mult/puțin

mérges / nyugodt

furios/calm

szép / csúnya

frumos/urât

kezdet / vég

început/sfârșit

nagy / kicsi

mare/mic

világos / sötét

luminos/întunecat

fivér / nővér

frate/soră

tiszta / koszos

curat/murdar

teljes / nem teljes

complet/incomplet

nappal / éjszaka

zi/noapte

halott / élő

mort/viu

széles / keskeny

lat/strâmt

ehető / nem ehető

comestibil/necomestibil

gonosz / kedves

rău/prietenos

izgatott / unott

emoţionat/plictisit

kövér / vékony

gras/slab

első / utolsó

primul/ultimul

barát / ellenség

prieten/inamic

teli / üres

plin/gol

kemény / puha

tare/moale

nehéz / könnyű

greu/uşor

éhség / szomjúság

foame/sete

betegség / egészség

bolnav/sănătos

illegális / legális

ilegal/legal

intelligens / buta

inteligent/stupid

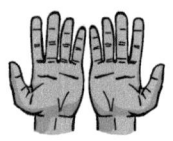

bal / jobb

stânga/drepta

közel / távol

aproape/departe

ellentétek - antonime

új / használt
nou/uzat

semmi / valami
nimic/ceva

idős / fiatal
bătrân/tânăr

be / ki
pornit/oprit

nyitva / zárva
deschis/închis

csendes / hangos
încet/tare

gazdag / szegény
bogat/sărac

helyes / helytelen
corect/fals

érdes / sima
aspru/neted

szomorú / vidám
trist/fericit

rövid / hosszú
lung/scurt

lassú / gyors
încet/repede

nedves / száraz
ud/uscat

meleg / hideg
cald/rece

háború / béke
război/pace

0

nulla

zero

1

egy

unu

2

kettő

doi

3

három

trei

4

négy

patru

5

öt

cinci

6

hat

șase

7

hét

șapte

8

nyolc

opt

9

kilenc

nouă

10

tíz

zece

11

tizenegy

unsprezece

12

tizenkettő

douăsprezece

13

tizenhárom

treisprezece

14

tizennégy

paisprezece

15

tizenöt

cincisprezece

16

tizenhat

șaisprezece

17

tizenhét

șaptesprezece

18

tizennyolc

optsprezece

19

tizenkilenc

nouăsprezece

20

húsz

douăzeci

100

száz

o sută

1.000

ezer

o mie

1.000.000

millió

un milion

angol

engleză

amerikai angol

engleză americană

mandarin kínai

chineza mandarină

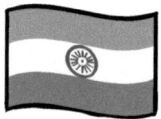

hindi

hindi

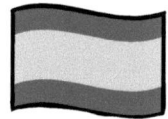

spanyol

spaniolă

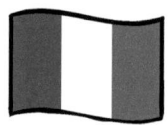

francia

franceză

arab

arabă

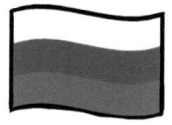

orosz

rusă

portugál

protugheză

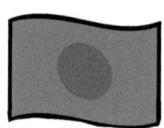

bengáli

bengaleză

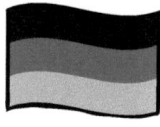

német

germană

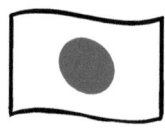

japán

japoneză

én
eu

te
tu

ő
el/ea

mi
noi

ti
voi

ők
ea

ki?
cine?

mi?
ce?

hogyan?
cum?

hol?
unde?

mikor?
când?

név
nume

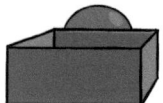

mögött
în spate

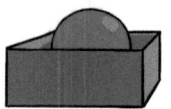

benne
în

elötte
înainte

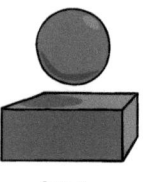

felette
peste

rajta
pe

alatta
sub

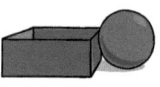

mellett
lângă

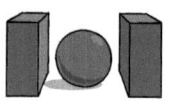

között
între

hely
loc